Gudrun Monitzer • Mein Baumhausleben

AF670989

Gudrun Monitzer

Mein Baumhausleben

FRIELING

Bibliografische Information der Deutschen Nationalbibliothek
Die Deutsche Nationalbibliothek verzeichnet diese Publikation in der Deutschen Nationalbibliografie; detaillierte bibliografische Daten sind im Internet über http://dnb.d-nb.de abrufbar.

© Frieling-Verlag Berlin
Eine Marke der Frieling & Huffmann GmbH & Co. KG
Rheinstraße 46, DE 12161 Berlin
Telefon: +49(0)30 / 76 69 99-0
www.frieling.de

ISBN 978-3-8280-3848-6
1. Auflage 2024
Bildquelle: Gudrun Monitzer
Auch als E-Book erhältlich (ISBN 978-3-8280-3849-3)
Sämtliche Rechte vorbehalten
Printed in Germany

Für meine Oma

Ein großer Mensch ist,
wer sein Kinderherz nicht verliert.

Inhalt

Liebesgedicht für Gudrun 9
Demut (Für N.) 10
Ge-erdet...11
Gelübde 13
Meine Strategie gegen den „inneren Kritiker“ 14
Herbstblumenstrauß Eine Sinfonie.........................15
GRENZEN 16
Il passato non esiste Il futuro non si sa 18
Lebensangst 20
PROBLEME 21
Selbstwertgefühl...22
(M)ein Gänseblümchen Tag 24
Insel-Träume...25
Liebesgedicht für meinen besten Freund.............26
Einen Paso Doble 27
Ein Duett...28
Gönnerhaft 29
Grenzgängerin...30
Gudrun schreibt an Gudrun 31
Heute wünsch ich mir 32
Katharinas inneres Kind 34
Katharina früher und heute....................................35
Gudrun (die für den Kampf weissagt).................36
Herz und Kopf, Kopf und Herz 37
Heute Morgen verschenke ich 39

Meine Schutzblase..40
Antworten..41
dazugehören..42
Frustrationstoleranzgrenze..43
Ganzheit..44
O(u)barlandlar Stuarschedl..45
Vielleicht hätte ich hören sollen..47
Prioritäten..49
Panta rei Alles fließt..51
LIEBEN WAS IST II (BYRON KATIE)..52
Meine Kraftquellen..55
Humor(los)..56
Gefühl..59
Danke Danke..60
BITTEN..61
GLAUBENSBEKENNTNIS..62
Welt(en)..64
Ein Blumenstrauß..65
Ein Weihnachtsengel und ein Schutzengel..66
Mülleimer..67
Für Nick Knatterton..70
Schade..71
Eine Litfasssäule..72

Liebesgedicht für Gudrun

Und ab heute will ich nur noch leben
Und ab heute werd ich immer leben

In diesen durchweinten Nächten
In diesen durchwachten
Weil zu stark gefühlten Nächten

Und ab heute werd ich nur noch
Werd ich immer leben
In diesen durchtanzten
Weil so stark geliebten Nächten

Und ab heute will ich
werd ich
Nie mehr leben

In diesen leeren
Weil gehassten Tagen

Und ab heute
Werd ich nur noch leben
Und ab heute
Werd ich immer leben

In diesen vollen
Weil gelebten Tagen
In diesen vollen
Weil geliebten Tagen

Demut
(Für N.)

Dich in meinem Arm zu halten
Wie demütig macht mich das

Du kleines Geschöpf
fühlst dich so warm und weich an

Du kleines großes Wunder

Deine Augen
die Farbe noch undefinierbar

Deine kleinen Finger
ihre Haut so zart und weich
wie sie meinen Finger umklammern

Gerne wäre ich
Mäuschen in deinem Kopf

Um zu verstehen
wie du die Welt wahrnimmst

Gerne möchte ich dich noch länger
in meinem Arm halten

Ge-erdet

Geerdet
bin ich heute.
Fast schon zu viel

Ich stelle mir
einen Faden vor.
Er sitzt in der Mitte meines Kopfes
und zieht mich hinauf
in die Luft
in den Himmel
in die heutige
Freiheit

Rote Rosen
wollte
ich dir schenken

Soeben
habe ich
mich umentschieden

Ich pflücke uns
einen leuchtenden
frischen
saftigen
Blumenstrauß

Die Sonne scheint
Mein Herz ist warm
Meine Seele ist hell

Es ist gut

Gelübde

Es gibt
Einen heiligen Raum
In mir

Den
Ich
Schätze
Liebe

Ich verehre ihn
Deshalb
Ist

Es ab heute
Und bis in alle Zeiten
Bestimmten Menschen
Untersagt
Den Raum
Zu betreten

Meine Strategie gegen den „inneren Kritiker“

Ich versuche nicht mehr
ihn zu bekämpfen
Das schaffe ich nicht

Ich lache über ihn
Das tut uns beiden gut!

Herbstblumenstrauß
Eine Sinfonie

Eine Sinfonie
Konnte ich noch
nie schreiben
Komponieren
kann ich
nicht

Singen kann
ich
Singen will
ich

Von all der
Trauer
Die
Der Herbstwind
verweht

Es bleibt
das saftige
Grün des kommenden
Frühlings

Und
ein Schneekristall
für mich

GRENZEN

Mich erst spüren
wenn es schon schmerzt
mir erst Ruhe gönnen
wenn ich mich schon zu viel
verausgabt hat

Mich erst stoppen
wenn ich schon zu weit
gegangen bin

Mich erst ordnen
wenn die Verwirrung schon zu groß ist

Mich erst rauswinden
wenn ich schon zu eingewickelt bin

Mich erst befreien
wenn ich schon zu gefesselt bin

Mich erst der Wahrheit stellen
wenn ich mich schon zu lange
belogen habe

Das
will
ich heute nicht mehr

Es
wird
ein Stück Arbeit werden

herannahende Tiefen
rechtzeitig
abzufangen

Es wird ein Stück Arbeit
werden
herannahende Höhen
im richtigen Augenblick
zu genießen

Es
wird
ein Stück Arbeit werden

dir so zu begegnen
dass es für uns beide
gut ist

Il passato non esiste
Il futuro non si sa

Es lebe das Hier und Jetzt
Es lebe die Gegenwart

Mein Weg war lang
Mein Weg
zur Fähigkeit
im Hier und Jetzt zu leben

Zur Fähigkeit
das Hier und Jetzt
zu genießen
nicht zu verhaften
in der Vergangenheit

Nicht Angst zu haben
mich zu viel zu sorgen
um die Zukunft

Der harte Weg hat sich gelohnt
hat mich belohnt

Heute ist es
die einzige
Lebensform
die einzige Lebensart
die ich habe

Mich an der Gegenwart
erfreuen
genießen
was ich habe

Vielleicht auch mal
ohne schlechtes Gewissen
in den Tag hineinleben
mich ein bisschen treiben lassen

Einfach nur genießen
die Seele baumeln lassen

Auch kein schlechtes Gewissen
haben
wenn ich an einem Tag
einmal nichts geleistet habe
der Tag einfach nur dazu da war
um zu sein
um mich sein zu lassen

Wie schön ist doch die Gegenwart!

Lebensangst

So lange
schwamm ich
an der Oberfläche
aus Angst vor der Tiefe

So lange verharrte ich
in der Tiefe
weil mir die Kraft fehlte
weil ich es nicht
an die Oberfläche
schaffte

Heute
halte ich beide aus

Wähle
wo ich sein möchte

Manchmal dort
Manchmal dort

Und immer öfter auch
irgendwo
dazwischen

PROBLEME

gibt es nicht.
Es gibt schwierige Situationen.
Das Problem machen wir uns selbst draus.

Auf einer Mauer steht geschrieben:
Sei Teil der Lösung, nicht des Problems

Früher war ich wohl Teil meiner Probleme.
Heute bin ich Teil ihrer Lösung.

Selbstwertgefühl

Meinen Selbstwert beziehe ich heute nicht mehr
aus Leistung
aus gesellschaftlichem Rang
aus vorzeigbaren Erfolgen

Meinen Selbstwert beziehe ich heute daraus
ich selbst zu sein
Eine nachdenkliche tiefgründige kritische
intelligente Frau
die auch so lustig so fröhlich so unbeschwert
sein kann
wenn sie mit den richtigen Menschen
zusammen ist

„Es ist nicht auszudenken, was Gott aus den Bruchstücken unseres Lebens machen kann, wenn wir sie ihm nur ganz überlassen“
(Blaise Pascale)

Heute stehe ich wieder mal
Vor den Scherben
Vor den Bruchstücken

Meines Lebens

Es wird mir nicht gelingen
Sie wieder zusammen zu kleben

Wobei
Anders betrachtet
Vielleicht richtig betrachtet

Sehen sie fast aus
wie ein bunter Fleckerlteppich

Und Fleckerlteppiche hab ich
schon immer gemocht

(M)ein Gänseblümchen Tag

Heute habe ich
Zwei Gänseblümchen gepflückt

Für dich
Und für mich

Und
Für alle Kinder
Dieser Welt

Und
Für alle Sterne
Am Himmel

Und
Für alle Blumen
Auf der Wiese

Heute habe ich
Zwei Gänseblümchen gepflückt

Für dich
Und
Für mich

Sie haben mir zugezwinkert

Insel-Träume

Eine Tanne
Wollte ich sein

Eine Birke
Wollte ich sein

Ein Ahorn
Wollte ich sein

Eine Palme
Will ich sein

Die Insel
Auf der sie steht

Kenne ich noch nicht

Liebesgedicht für meinen besten Freund

Möchtest du ein Liebesgedicht
Ich glaub nicht
Ich weiß nicht

Ich weiß

Du möchtest
Ein Freundschaftsgedicht

Ein Freundschaftsgedicht
Über die Liebe
Über die Treue

Über gute treue Freunde
Ein Liebesgedicht

Über zwei beste Freunde

Einen Paso Doble

wollten wir tanzen

Einen Walzer haben wir getanzt
Zwei Walzer haben wir getanzt
Einen Landler haben wir getanzt

Und

Eine Polka
Haben wir getanzt

Getanzt haben wir
Getanzt
Und getanzt

Ein Paso Doble

Ein Duett

wollten wir singen
Ein Duett haben wir gesungen

Aus einer Oper

Ein Duett
Aus einer lustigen Oper

Wie zwei Verliebte

Haben wir
Gesungen

Wie zwei verliebte
Beste Freunde

Wie zwei

In das Leben verliebte
Beste Freunde

Gönnerhaft

Heute bin ich so gönnerhaft
zu mir selbst

Ich gönne mir Ruhe
Ich gönne mir gutes Essen
Ich gönne mir Freude
Ich gönne mir so vieles

Ich gönne mir
Lebensfreude

Es tut so gut
zu sich selbst
gönnerhaft zu sein

Grenzgängerin

War ich lange Zeit

Heute bin ich es nicht mehr

So ein Leben
ist mir definitiv
zu anstrengend

Gudrun schreibt an Gudrun

Liebe Gudrun
Letztens war dir wiedermal
dein ungeduldiges Temperament im Weg,
meinst du nicht?

Letztens war dir wiedermal
dein Charakterzug im Weg,
dass du manchmal zu schnell aufgibst,
meinst du nicht?

Ja, Gudrun, du hast Recht!
Aber ich bin auf dem Weg der Besserung!

Gut, Gudrun!

Heute wünsch ich mir

einen Kuschelbär

den ich drücken kann
der mich hält
seine Arme um mich schlingt
Sein Fell fühlt sich so weich an
Ich kann in ihm versinken
meinen Kopf auf seinen weichen Bauch legen

Der Kuschelbär
bekommt ein Gesicht
eine Stimme

Fast muss ich weinen
wenn ich daran denke
dass du leider nicht
mein Kuschelbär
sein willst
Schade
Wirklich schade

So ist das Leben

Vielleicht hält es auch bald
einen Kuschelbären
für mich bereit

Dazu müsste ich mich wohl
auf die Suche machen

Bloß hätte
der Kuschelbär immer noch
dein Gesicht
hätte
Deine Augen
Deine Stimme
Dein Lachen…

Nun ist wohl
Warten angesagt
Warten
bis ich bereit bin

Bereit
für einen neuen
Kuschelbären…

Und bis dann

Ein Leben ohne Kuschelbär

Katharinas inneres Kind

Auf ihr Über-Ich
hört sie heute nicht
Auf ihr Erwachsenen-Ich
kann sie sich
heute nicht verlassen

Deshalb
lebt Katharina heute
ihr inneres Kind

Und das macht
grooooooßen Spaß

Katharina früher und heute

Katharina früher

Angepasst
eingeschüchtert
viel zu pflichtbewusst
viel zu ernst
viel zu diplomatisch
viel zu vorsichtig

Katharina heute

Weniger angepasst
nicht mehr schüchtern
manchmal weniger pflichtbewusst
weniger diplomatisch

Mutiger
Lebendiger
Glücklicher

Gudrun
(die für den Kampf weissagt)

This is a cold world out there
hast du mir gesagt

You are not a fighter
hast du mir gesagt

Ja du hast Recht
Ich war nie eine Kämpferin

Weil Kämpfe sinnlos sind

Denn ich kämpfe nicht mit anderen
sondern gegen mich selbst
Und dieser Kampf
ist aussichtslos

Herz und Kopf, Kopf und Herz

Heute kämpfen
sie wieder einmal

Kämpfen
streiten
sind sich
gegenseitig
im Weg

Um nicht
Kopfschmerzen
zu bekommen
Herzschmerzen

Entscheide
ich mich
für mein Herz
Gute Entscheidung

Heute Morgen verschenke ich

Drei Rosen

Ich schenke mir
die rosa Rose
Mut

Ich schenke mir
die violette Rose
Würde

Ich schenke mir
die rote Rose
Lebenslust

Meine Schutzblase

Eine leichte Blase um mich
Sie hüllt mich ein
In ihr fühle ich mich geborgen
und so leicht die hauchdünne Blasenwand
auch erscheint
Ich kann mich anlehnen sie dehnt sich aus
und sie hält

Meine Schutzblase

Antworten

Warum?
Warum?
Warum?

Stell keine Fragen!
Du bekommst keine Antworten.
Suche nicht nach Antworten!
Sie sind schon in dir.

dazugehören

wollte ich immer
wusste nicht mal genau
wozu
heute genügt es mir
heute macht es mich
glücklich
wenn ich zu mir gehöre
wenn ich mich selbst im
spiegel erkenne
wenn ich mir selbst im
spiegel gefalle

Frustrationstoleranzgrenze

Meine Frustrationstoleranzgrenze
ist heute knapp über dem Boden

Es ist mir zu schwer sie aufheben zu wollen
Ich schaffe es nicht

Ich gebe es auf
Ich lasse sie sein
lache über sie

Kümmere mich nicht um sie
siehe da
Sie hat keine Bedeutung mehr

Ganzheit

Ganz sein
Das heißt wohl
frei sein

Ganz sein
Das heißt wohl
in sich ruhen

Ganz sein
Das heißt wohl
glücklich sein

Ganz sein
das heißt wohl
friedlich sein

Ganz sein
das heißt wohl
man selbst sein

Ganz sein
das heißt wohl
Frau sein

Ganz sein
das heißt wohl
Mensch sein

O(u)barlandlar Stuarschedl

Oft håt ar mar
schu kolfe
dar Stuarschedl

Oft isch ar mar
Schu in wöig gwesst
dar Stuarschedl

A påar Mål
war ar mar
båld zun Varhengnis gwoare
dar Stuarschedl

I kånn
it halfe
i hånnen håld

Mein (Oberinntaler) Stuarschedl

Transkription Schriftdeutsch

Oft hat er mir schon geholfen
der Sturkopf

Oft war er mir schon im Weg
der Sturkopf

Ein paar Mal wäre er mir beinahe
zum Verhängnis geworden
der Sturkopf

Ich kann nichts machen
Ich habe ihn einfach

Meinen (Oberinntaler) Sturkopf

Vielleicht hätte ich hören sollen

Auf die Stimme
im Hinterkopf
die mich warnte

Vielleicht hätte ich hören sollen
auf meine innere Stimme

Ich habe nicht gehört

Habe sie nicht wahrgenommen

Habe nicht gehört
auf mein Herz

Bin nicht dem Weg
meines Herzens
gefolgt

Oft
zu oft

Dieser Irrweg
hat mich gelehrt

heute
auf mein Herz
zu hören

Es zeigt mir immer
den richtigen Weg

Prioritäten

Die höchste Priorität
in meinem Leben heute
ist
mich selbst glücklich zu machen

Zu lange
habe ich darauf gewartet
dass
andere es tun

lieben
heißt auch
loslassen können

gehen lassen
sich verabschieden
frei lassen
sein lassen

Panta rei
Alles fließt

Bei mir fließt heute leider gar nichts.

Wie könnte ich es bloß zum Fließen bringen?

Weiß ich (jetzt)noch nicht!

Auch nicht schlimm!

LIEBEN WAS IST II (BYRON KATIE)

LIEBE ICH IMMER
WAS IST?
JA MEISTENS

ICH JAMMERE
KAUM ÜBER DAS WETTER
DENN ICH LIEBE ES
IN DER NATUR ZU SEIN
BEI REGENWETTER
BEI SCHNEEFALL
BEI SONNENSCHEIN

ICH LIEBE ES IN MEINER WOHNUNG
ZU SEIN
BEI REGENWETTER
BEI SCHNEEFALL
AUF MEINER TERRASSE
BEI SONNENSCHEIN

ICH JAMMERE KAUM
ÜBER MEINE ARBEIT
ICH LIEBE SIE
SIE ERFÜLLT MICH
SIE BRINGT MICH
MIT INTERESSANTEN
MENSCHEN
ZUSAMMEN

ICH KANN MICH
DORT ENTFALTEN
MEINE KENNTNISSE WEITERGEBEN
MEINE BEGABUNGEN LEBEN

ICH BEKLAGE MICH SELTEN
ÜBER ZUWENIG ZEIT
ICH WEISS DASS ES EINE LÜGE IST
EINE AUSREDE
ZU SAGEN
MAN HABE KEINE ZEIT
MAN NIMMT SICH DIE ZEIT
FÜR WICHTIGE DINGE

ICH BEKLAGE MICH
NUR MEHR SELTEN
ÜBER MENSCHEN
DENN ICH HABE ZWEI MÖGLICHKEITEN
MIT IHNEN UMZUGEHEN
ENTWEDER
SIE NEHMEN WIE SIE SIND
ODER IHNEN AUSWEICHEN

ICH BEKLAGE MICH
NUR MEHR SELTEN

ICH BEKLAGE MICH
NUR MEHR SELTEN
ÜBER MICH

DESHALB
LIEBE ICH
WAS IST

Meine Kraftquellen

Natur
Musik
Ruhe
Bewegung

Bei mir sein

Ich selbst
bin meine größte
und
stärkste
Kraftquelle

Ich bin mir
so dankbar
dafür

Humor(los)

Humor

Wo ist mein Humor geblieben?

Wo hat er sich versteckt?

Wo kann ich ihn bloß finden?

Heute nirgends.

Heute hat er keinen Platz.

Vielleicht morgen?

Bestimmt
…

ERST
WAR DAS LEBEN
BÜHNE FÜR SIE
AUS DEM HAUS GEHEN
ROLLEN SPIELEN
ÜBERNEHMEN
GEWOHNHEITSMÄSSIG
ANTRAINIERT
ANERZOGEN
AUFDIKTIERT

DANN
WAR DAS LEBEN
FIKTION FÜR SIE
DER TOD
BEINAHE
ERLÖSUNG

OFT GING SIE
AUS DEM HAUS
MIT EINEM PANZER UM SICH
UM SICH ZU SCHÜTZEN
ZU VERBARRIKADIEREN
EINZUMAUERN
ZOG SIE SICH
IHREN GEFÜHLSPANZER AN
UM SICH ABZUHÄRTEN

HEUTE MUSS
SIE GAR NICHTS MEHR

SIE SPIELT KEINE ROLLEN MEHR
DIE NICHT IHRE SIND
SIE LEBT
IST SIE SELBST
WÄHLT
WENN SIE SCHON
EINE ROLLE SPIELEN
MUSS
SIE SELBST AUS

IST NICHT MEHR
STATIST
IN IHREM LEBEN

IN IHREM LEBEN
IST SIE HEUTE
HAUPTDARSTELLERIN

UND
DAS FÜHLT SICH
GUT AN

Gefühl

Mitgefühl
Mitleid

Leid
Leid

Leid

Gefühl
Feingefühl

Kein Gefühl
Kein Gefühl
Kein Feingefühl

KEIN GEFÜHL
KEIN GEFÜHL

Danke
Danke

Danke

Danke

Dankbar
Immer dankbar
Nie dankbar
Gar nicht dankbar

DANKBAR???

BITTEN

Um etwas bitten
Was erbitten
Wozu bitten

Fürbitten

Für wen bitten
Für was bitten
Wozu bitten
Wofür bitten

Warum
Überhaupt
Erst bitten

Vielleicht besser
Öfter

DANKEN
OHNE ZUERST

DARUM ZU

BITTEN

GLAUBENSBEKENNTNIS

ICH BEKENNE MICH

ZU MEINEM GLAUBEN

ZU MEINEM
ECHTEN
FREIEN
TIEFEN
EHRLICHEN
SCHWER
UND MÜHEVOLL ERARBEITETEN

LANGE
BEZWEIFELTEN

LANGE GESUCHTEN
OFT
VERZWEIFELTEN

HEUTE
UMSO
TIEFER
STÄRKER
ECHTER
TRAGENDER

NIEMEHR
VERZWEIFELNDER

GLAUBEN

AN GOTT
AN MICH
AN DICH
AN DAS Universum

An die Kraft
Die in mir und
Allen Lebewesen liegt

Und dort oben im Himmel

Welt(en)

Gute Welt
Schlechte Welt

Innenwelt
Außenwelt

Vielleicht
Gar keine Welt

VIELLEICHT
MEINE WELT
UND SICHER AUCH
DEINE WELT

LIEBER FREUND
LIEBER VEREHRTER MANN

LIEBE FREUNDINNEN

MEINE
DEINE
SEINE EURE

UNSERE WELT

Ein Blumenstrauß

Ein Blumenstrauß für meine Oma

Ein Blumenstrauß für meine Schwester

Ein Blumenstrauß für meine Mutter

Ein Blumenstrauß für meinen Vater

Ein bunter, frischer, hellleuchtender
fröhlicher

Ein bisschen widerspenstiger

Blumenstrauß

Denn darin befindet sich
auch so manches Unkraut

Unkraut
Gibt
Es nicht

Meinte meine Oma

Auch Unkraut
Ist Kraut

Und für etwas gut

Ein Weihnachtsengel und ein Schutzengel

Trafen sich auf einer bunten Blumenwiese

Was machst du denn hier?
Fragte der Schutzengel den
Weihnachtsengel

Du befindest dich doch
In der falschen Jahreszeit

Ach, weißt du
Meinte darauf
Der Weihnachtsengel

Alles, zumindest
Das meiste

Ist relativ
Im Leben

Da lachte
Der Schutzengel

Und der Weihnachtsengel

Lachte auch

Mülleimer

Guten Tag
Lieber Mülleimer

Ich hätte
Wieder mal was für dich

Sofort
Werde ich es
Rein werfen

Meine Eigenschaften

Die ich dir mit Freuden
Abgebe

Ich weiß
Treuer Freund

Du wirst sie
Alle aufnehmen
Du magst sie

So wie du mich magst
Weil du mich magst

Ich gebe dir somit

Meine Neigung

Nachtragend zu sein
Grüblerisch zu sein
Zuviel nachzudenken

Über Tatsachen

Die ich nicht ändern kann

Die ich ändern will
Aber

– So viel hätte ich
Eigentlich

Schon begriffen –
Nicht ändern kann

Danke
Lieber Mülleimer

Und bis morgen

Da habe ich
Wieder so einiges

Was ich nicht bei mir möchte

Was ich nicht an mir mag
Das bekommst du dann morgen

Und immer
Wenn ich es nicht
Mehr

Bei mir haben will

Besten Dank

Lieber Mülleimer

Für Nick Knatterton

meinen besten Freund

Deine scharfen Augen
möchte ich haben

Deinen analytischen, logischen
Verstand möchte ich haben

Wie stolz ich doch bin
mit dir befreundet zu sein

Schade

Heute fühle ich mich

gar nicht
wie eine Drama Queen

Schade
wirklich schade

Ich hätte mich
so wohl gefühlt

als Drama Queen

Schade

Eine Litfasssäule

War ich

Angeklebt
Haben sie
Vieles
Alles

In allen
Formen
Und Farben

Angeklebt
Haben sie

Geklebt haben
Sie

Eine Litfasssäule
bin ich

Ungerührt
stehe ich da

Und glücklich
Und zufrieden
Und froh

So bunt
So vielfältig
beklebt zu
Sein

Einfach die Wahrheit

Gedichte

Wer bin ich? Wer möchte ich sein? Was hätte ich anders machen können?
In ihrem zweiten Gedichtband reflektiert Gudrun Monitzer sich selbst und ihr vergangenes Leben. Mit viel Feingefühl und klaren Worten stellt sie sich den großen Fragen des Lebens.
Schonungslose Ehrlichkeit, fein eingewobener Witz und unverkennbarer Charme voller dichterischer Leichtigkeit geben einem das Gefühl, nicht alleine in dieser großen Welt zu sein.

112 Seiten • Paperback • EUR 11,00
ISBN 978-3-8280-3776-2
Auch als E-Book erhältlich!
E-Book • EUR 7,99
ISBN 978-3-8280-3777-9

Von ganzem Herzen

Gedichte

Poetische Einblicke in das eigene Selbst, Mitgefühl für Umwelt, Mitmenschen und Freunde, aber auch Beobachtungen des Weltgeschehens – die Gedichtsammlung von Gudrun Monitzer hat viele Facetten. Stets begleitet eine leise Melodie des Schmerzes, die in der Akzeptanz des Erlebten mündet, Monitzers einfühlsame Verse. Und doch bleiben ein Schimmer der Hoffnung und ein Gefühl versöhnlicher Heiterkeit gegenwärtig.

100 Seiten • Paperback • EUR 8,90
ISBN 978-3-8280-3490-7